Alle Rechte liegen bei der Herausgeberin

Herstellung: Books on Demand GmbH, Norderstedt

ISBN 3-8311-0142-6

Wo bist du, Gott?

Gustav Schüler

Wo bist du, Gott?

Gedichte des Trostes und der Zuversicht

von

Gustav Schüler

Aus dem Nachlaß ausgewählt und herausgegeben von
Inge-Elisabeth Kratzmann-Schüler

Meinen Söhnen Cornelius und Alexander

Vorwort

Die Wiedervereinigung Deutschlands 1990 ermöglichte mir, den reichhaltigen Nachlaß meines Großvaters, des Schriftstellers Gustav Schüler aus Bad Freienwalde/Oder, kennenzulernen.

Gustav Schüler wurde am 27. Januar 1868 in Königlich-Reetz (heute Neu-Reetz) im Oderbruch als Sohn eines armen Klein-Bauern geboren. Seine Kindheit verbrachte er als Hütejunge, der „dem Atem der Natur lauschte und seine Seele mit Sehnsucht und Kraft füllte".

Seine Nähe zu Gott hatte ihren Ursprung in diesen Jahren, in denen er wissensdurstig alles lesbare, was die karge Bibliothek seines Vaters hergab, verschlang. Sein größter Schatz war eine Bibel.

Auf Veranlassung des Pastors kam er 1883 auf ein Lehrerseminar und übte einige Jahre den Beruf des Lehrers aus, um danach „befreit vom Zwang" als Hörer an die Universität Berlin und später als Zeitungsredakteur nach Itzehoe, Hamburg, Berlin und Frankfurt/ Oder zu gehen.

Aus diesen Jahren stammen viele Briefe von Detlev von Liliencron, Hermann Hesse, Emil Prinz von Schoenaich-Carolath, Börries von Münchhausen, Ernst von Wildenbruch u. a.

Liliencron schrieb 1900 über Gustav Schüler, nachdem er sein erstes Buch „Gedichte" gelesen hatte: „Unter tausenden von Dichtern endlich ein wirklicher!" Er war bis zu seinem Tod 1909 für Gustav Schüler in literarischen Fragen und seelischen Nöten ein väterlicher Freund.

1909 lernte Gustav Schüler auf einer Dichterlesung in Braunschweig Elisabeth Kahnmeyer, die Tochter des Realienbuchherausgebers „Kahnmeyer und Schulze", kennen und heiratete sie 1910 in Hahnenklee/ Harz.

1912 wurde Ernst-Gustav, mein Vater, geboren und 1915 seine Schwester Lia, die jedoch nach langer Krankheit schon im Alter von 22 Jahren starb. Ab 1921 wohnte die Familie in Bad Freienwalde/ Oder.

Gustav Schülers Werk umfaßt weit über 1000 Gedichte und Prosa mit den Schwerpunkten Gott – Natur – Heimat. Er offenbarte sich als Künder der Geschichte und Schönheit seiner Heimat, der Mark Brandenburg.

Den größten Teil seines Schaffens jedoch widmete er der religiösen Lyrik. In seinen Gedichten sind das religiöse Suchen und Kämpfen und die Sehnsucht nach Gott lebendig. Das heiße Ringen um Gottesgewißheit und Gottesfrieden spricht aus ihnen. Schon die Titel seiner Gedichtsbände lassen es erkennen: „Gottsucherlieder" „All mein Gehen ist Weg zu Dir", „Auf den Strömen der Welt zu den Meeren Gottes", „Mitten in der Brandung", „Gottes Sturmflut", „In der Hut der Gotteshände", „Schwinge wird, was Schwere war", „Von Stundenleid und Ewigkeit", „Lichtgeläut vom ewigenTag", „Spiegelscherben vom Ewigen", „Leuchtendes Ja" etc.

Einige seiner Gedichte wurden vertont und in Kirchengesangbücher übernommen, er galt als d e r religiöse Dichter seiner Zeit.

Zu seinem 70. Geburtstag wurden ihm viele Ehrungen zuteil, wie z. B. die Verleihung der Luther-Medaille und des Kurmärkischen Schrifttumspreises.

Am 20. August 1938 starb er nach schwerer Krankheit in Bad Freienwalde.

Durch die politische Entwicklung in der DDR geriet sein Werk in Vergessenheit.

Ich hoffe, mit der Veröffentlichung einiger seiner Gedichte auch den Menschen in unserer Zeit ein wenig Trost und Zuversicht geben zu können.

Oldenburg/ Holstein, den 12. September 2001

Inge-Elisabeth Kratzmann-Schüler

Wo bist du, Gott?

Wo bist du, Gott? Ich hab` die Wälder
Mit deinem Namen wachgeschrien,
Ließ heißaufweinend durch die Felder
Nach dir der Sehnsucht Stimme ziehn.

Ich hab` das Meer gefragt, die Stürme
Nach ihrer Heimat Ewigkeit.
Ich schrieb ins Glockenerz der Türme,
Wie meine Seele nach dir schreit.

Die Frommen fragt` ich, mit den Spöttern
Hab´ ich beim Weine dich verlacht,
Hab` in des Himmels Blitzeswettern
Nach dir gefiebert, Meer der Macht.

Mit Beten, Betteln, Grimm und Fluchen,
Mit ratlos unerschöpfter Not –
Jetzt steh ich still. Wer hilft mir suchen?
Hörst du mich nicht? Wo bist du, Gott?

———

Zu Gott

All unsere Zeit ist ein Geschrei nach Gott.
Wer Ohren hat, der muß das Tosen hören.
Ein Rufen, untermischt mit gellem Spott,
Ein Sturm von Stimmen, Welten zu empören.

Wie rast der Schrei und stößt durch unsere Zeit!
Ihr Geister auf! – Die Nacht ist nicht zu tragen! –
In Not und Zorn und tiefbestürztem Streit
Die schweren Finsternisse zu zerschlagen!

Die Angst um Gott schlägt schütternd auf uns ein
Und jeder Schritt weint auf nach seinen Wegen,
Fast fleht am Menschheitswege jeder Stein:
„Kommt denn den Suchern noch kein Licht entgegen?"

Vorausgestürmt! Es ist wie eine Schlacht!
Was heut nicht wurde, daß es morgen werde!
Wir reißen doch aus sturmergrimmter Nacht
Ein wegerhellend Schimmern auf die Erde!

Die Menschheit fiebert. Geister glühn empor,
Mit Schwung getränkt, mit Kräften, stürmisch großen.
Schon stehn sie hin bis an der Himmel Tor,
Mit Lustgeschrei die Pforten einzustoßen.

Zu Gott hinauf! Und wenn uns gleich sein Licht
Jäh in die Augen fällt wie rote Kohlen,
Wir schreien auf, doch lassen wir ihn nicht,
Wir müssen ihn zu uns herniederholen!

Laßt alles fallen! Lust und Leid sei tot,
Verloschen aller Hoffnung bunte Gaben –
Gott, höre uns und unsers Schreiens Not:
W i r   m ü s s e n   d i c h   f ü r   u n s e r e
K i n d e r   h a b e n !

———

Gebet in Angst

Hast du mich denn ganz verlassen,
Herr, mein Gott, zu dieser Zeit?
Alle Straßen, alle Gassen
Stehen voll von Dunkelheit.

Wohin soll ich mich denn wenden?
Wie ein Blinder tast` ich mich
Hin und her mit meinen Händen –
Herr, mein Gott, wo find`ich dich?

Deinen Atem kann ich spüren,
Deine Nähe füllt mich an –
Wollst an meine Schulter rühren,
Daß ich dich erfassen kann.

———

Der Gottsucher

Ich habe Gott gesucht und fand ihn nicht.
Ich schrie empor und bettelte ins Licht.
Da, wie ich weinend bin zurückgegangen,
Faßt`s leise meine Schulter: „Ich bin hier,
Ich habe dich gesucht und bin bei dir."
Und Gott ist mit mir heimgegangen.

———

Herr, mein Gott, verlaß mich nicht!

Da die Tage so voll Not,
Herr, mein Gott, sei du mein Licht –
Da die Tage so voll Tod,
Herr, mein Gott, verlaß mich nicht!

Da der Nordsturm reißt und stößt,
Daß mein Hüttlein wankt und bricht,
Herr, der allen Jammer löst,
Herr, mein Gott, verlaß mich nicht!

Weil ich nicht mehr weiter kann,
Weil ich ohne Weg und Licht,
Nimm dich meiner Schwachheit an –
Herr, mein Gott, verlaß mich nicht!

———

Aus der Tiefe

Aus der Tiefe schrei ich, daß dein Licht
Meine Finsternisse überschütte;
Meine Seele, die vor Nacht zerbricht,
Werde deiner Allmacht Sonnenhütte.

Reiße meine Sehnsucht, wo sie schreit,
Aus der Tiefe martervollen Schlingen,
Deine Werke sind voll Mächtigkeit,
Die bis in die Sonnenwelten dringen.

Du Erlöser aus des Staubes Spott,
O du Burgwall aller, die zerschlagen –
Hilf, ich flehe dich, du großer Gott,
Hilf mir meines Lebens Nächte tragen!

———

Aus schwerer Not

Aus den finstern Unglücksgründen
Laß mich, Herr, den Ausweg finden!
Berge drängen sich zuhauf,
Die mir alle Sonne rauben,
Aller Hoffnung hellen Glauben
Fangen diese Berge auf.

Ach, das arme Herz vor Zittern,
Weil die Stürme so gewittern,
Will nun gar in Stücke gehn,
König, dem die Meere schweigen,
Wolken, wie du`s willst, sich neigen,
Heiß` die Stürme stillestehn.

Hast mich ganz zum Grund gebogen –
Flügel, die sonst herrlich flogen,
Schleppen kraftlos hin am Grund,
Will ich dir zum Lobe singen,
So zerbrechen und zerspringen
Alle Worte mir am Mund.

Herr, mein Gott, dein Tun ist Gnade,
Finsterniserfüllte Pfade
Führe mich an deiner Hand-
Kniend lieg´ ich zwischen Steinen,
Hörst du nicht mein schweres Weinen
Durch das nachtverdeckte Land?

———

In Gott fallen

In Gott zu fallen, ach ihr Armen,
Das ist wie weichstes Flockenspiel!
Wer also fällt, fällt in Erbarmen
Und weiß doch gar nicht, daß er fiel.

Die Pein ist nebelgleich verstoben,
Die Luft geht auf nach neuem Ziel.
Von neuer Kraft wird er gehoben.
Er fiel und weiß nicht, daß er fiel.

Die Sonne kommt heraufgestiegen. –
Tiefausgeruht auf seligem Pfühl,
Hebt sich der Müde und kann fliegen.
Er fiel und weiß nicht, daß er fiel!

———

Laß uns nicht versinken

So laß uns nicht versinken,
Die wir am Abgrund stehn.
Wo tausend Tode winken,
Da wolle mit uns gehn.

Uns sind vom vielen Weinen
Die Augen fast verdorrt,
Und her an spitzen Steinen
Reißt unser Weg uns fort.

Von allen Felsenwänden
Träumt letzte Abendglut:
So halt uns bei den Händen,
Wie man`s mit Kindern tut.

Die Nacht nimmt von den Toren
Die rostigen Riegel fort –
Ach, wie wir so verloren,
Das faßt kein Menschenwort.

———

Gewißheit

Und wollte alles wanken
Und alles bräche ein,
So sollen dein´ Gedanken
In ihm verwurzelt sein.
Wenn auch von deinen Wänden
Der letzte Pfeiler fällt:
Er hat dich doch in Händen,
Der alle Himmel hält!

Und mußt du alles missen
Und ganz zu Trümmer gehn,
Und könnt´st vor Finsternissen
Den hellen Tag nicht sehn –
Es muß doch alles enden,
Wie er sich´s vorgestellt:
Er hat dich doch in Händen,
Der alle Himmel hält.

Er wird dich nicht versäumen,
Er weiß die rechte Zeit,
Wie auch die Wasser schäumen
In wilder Mächtigkeit.
Wenn gleich vor Gischt verschwänden
Das Leben und die Welt:
Er hat dich doch in Händen,
Der alle Himmel hält.

———

Freude

Laß dich nicht vom Leid ersticken,
Nur wer aufsteht, macht sich frei,
Keiner siegt, in dessen Blicken
Nicht schon Siegerhoheit sei.

Laß das blasse feige Denken,
Wie es morgen werden mag,
Wolltest du mit Zügeln lenken,
Wie ein Roß, den Sonnentag?

Was hast du aus deinem Lachen,
Unmuttrüber Mensch, gemacht?
Haben deine Siebensachen
Dich um alles Glück gebracht?

In die Sterne stell′ die Leiter,
Und dann rasch – sieh dich nicht um! –
Eine Sprosse – weiter! weiter! –
Gott stößt nicht die Leiter um!

———

Licht wird werden

Licht wird werden,
Gräme dich nicht –
Immer auf Erden
Ward's wieder Licht!
Ward's wieder helle
Nach tiefster Nacht –
An irgend einer Stelle
Ist das Licht schon erwacht!

———

Trost

Mußt das Leid hinnehmen wie die Nacht,
Die vom Berggehölze niedersteigt,
Schlummer birgt ihr Schreiten, süß und sacht,
Bis sich hoffnungsfroh der Morgen zeigt.

Weißt du noch am Morgen von der Nacht?
Weißt du noch in Gottes Trost vom Leid? –
Nacht und Leid hat Gott für dich gemacht:
Nütze nur ihr treues Weggeleit.

––––––

Friede, Friede sei auf Erden!

Einmal muß der Tag erscheinen,
Wo der wilde Haß zerbricht,
Zwischen Nacht und zwischen Weinen
Keimt das neugeborene Licht.
Einmal wird die bange Welt
Los sein von den Furchtgebärden,
Wenn Gott selbst sein Wegkreuz stellt:
Friede, Friede sei auf Erden!

Einmal muß das Meer verbranden,
Das aus großem Weinen ward,
Über allen Menschenlanden
Eine weite Stille harrt –
Reift ein neues Schöpfungswort,
Dem die Sterne Lampen werden,
Selig brausend wächst es fort:
Friede, Friede sei auf Erden!

———

Getrost

Und ob es lange währet,
Zu lange währt es nicht.
Du brauchst ihm nicht zu sagen:
Ich kann es nicht mehr tragen! –
Ist deine Nacht zu Ende,
Schickt er dir schon das Licht. –
Und ob es lange währet,
Zu lange währt es nicht.

Und ob du am Versinken,
Ertrinken kannst du nicht.
Die Wasser werden Wege,
Die Wogen werden Stege,
Kann der dich sinken lassen,
Der nie die Treue bricht –
Und ob du am Versinken,
Ertrinken kannst du nicht.

———

Daß sich doch die Liebe mehre!

Das sich doch die Liebe mehre!
Leides wird es immer mehr.
Liebe, rüste deine Heere,
Feinde stehen dicht umher!

Endlich muß die Liebe siegen,
Endlich! – Sei dies „Endlich" heut!
Daß auf alle Himmelsstiegen
Sich ihr mächtig Leuchten streut.

———

Liebe ist das Herz der Welt

Kommt herzu und kündet's nun,
Schlagt zu Gott die helle Brücke:
Selig, die die Liebe tun,
Alles andre bricht in Stücke –
Nur das eine heilt und hält:
Liebe ist das Herz der Welt!

Sagt's den Brüdern, die so kalt
Nur der Selbstsucht Bürde tragen –
Von der Liebe Lichtgewalt
Müßt ihr ihnen Flammen sagen,
Bis der Seelen Eis zerfällt:
Liebe ist das Herz der Welt!

Und dann vorwärts, Hand in Hand,
Gegen Nacht und Not zu streiten:
Über's graue Winterland
Kommt das Licht in Herrlichkeiten –
Wie auch Haß die Stricke stellt:
Liebe ist das Herz der Welt!

Der Liebe dankt man nicht!

Nun hast du überwunden
So Leid wie Lust, so Lust wie Leid.
Was will's, ob du das Glück erjagt?
Das rechte Wort ist's, das dich fragt:
Hast du zurückgefunden
Den Gott der Kinderzeit?
Nun hast du überwunden
So Leid wie Lust, so Lust wie Leid.

Du brauchst ihn nicht zu nennen,
Wie's Kinderlippen tun;
Er ist, drum ist er namenlos:
Du legst dich still in seinen Schoß,
Er wird dich dennoch kennen,
Er heißt dich lächelnd ruhn –
Du brauchst ihn nicht zu nennen,
Wie's Kinderlippen tun.

Du brauchst ihm nicht zu danken,
Der Liebe dankt man nicht;
Man nimmt sie, wie man Sonne nimmt,
Man schwimmt auf ihrem Meer und schwimmt,
Man nimmt sie, wie die Ranken
Das goldne Morgenlicht –
Du brauchst ihm nicht zu danken,
Der Liebe dankt man nicht!

————

Der du alle Himmel gründest

Der du alle Himmel gründest,
Alle kleine Erdenzeit
Wundermächtig baust und bündest
In die große Ewigkeit –
Ströme deine Liebesmacht
In die dunkle Erdennacht,
Laß uns über alle Pein
Leuchte deiner Liebe sein!

Daß die Selbstsucht Asche werde,
Die in trüben Flammen gor,
Daß von dieser dunklen Erde
Deine Flammen brechen vor,
Die in deiner ewigen Glut
Dicht am Herzen dir geruht –
Laß uns, hell in deinem Schein,
Leuchte deiner Liebe sein!

Stark und strömend soll es treiben
Immer innig auf dich zu –
Eingegraben in dir bleiben,
Quellkraft aller Liebe du!
Gib uns für den Bruder Brot,
Mach` uns wach für seine Not –
Laß uns über Schutt und Stein
Leuchte deiner Liebe sein!

———

Mit allen Schmerzen

Tu alle deine Schmerzen
Getrost in seine Hut,
Bis dicht an seinem Herzen
Dein dunkler Jammer ruht.

So bist du ganz im Stillen,
Wie er die Waage hält,
Bis er mit seinem Willen
Sich in die Stürme stellt.

Dann kommt all Angst zu Trümmern,
Die scheue Furcht verweht –
Durch dein gebücktes Kümmern
Sein göttlich Antlitz geht.

———

Des Schmerzes Frucht

Soviel du auch verloren,
Lerne daraus, mein Herz –
Nur die voll Torheit, die Toren,
Lernen nichts vom Schmerz.

Erkenne, was hingefallen,
Was dir das Leben zertrat –
Mache dich los von dem allen,
Geh´ deinen Pfad.

Halt´ das lebendige Heute,
Vertreib´ es nicht sogleich –
Sei nicht der Schmerzen Beute,
Werde durch Schmerzen reich.

———

Erst aus dem Unglück leuchtet die Seele!

Erst Dunkelheit begehrt nach Licht,
Der Tag bedarf der Lampen nicht,
Närrisch und nutzlos ist ihr Geschwele –
Erst aus dem Unglück leuchtet die Seele!

————

Morgenlied

O Atem erster Frühe,
O Strom der Sonnenglut,
Nun wache auf und glühe,
Nun brause, Lebensblut!
Die Wälder, traumverhangen,
Schaun groß ins neue Licht,
Die Felder stehn im Prangen,
Wie reich, sie wissen's nicht.

Mein Herz, auf, ihn zu grüßen,
Ein neuer Tag bricht an,
Leg ihm dein Werk zu Füßen,
Damit er's segnen kann,
Daß er mit seiner Gnade,
Daß er mit Glanz und Tau
Dich, meine Seele, bade
Wie dort die grüne Au.

Nun läuten Morgenglocken,
Wie wogt ihr Klang zuhauf;
Und heimlich süßerschrocken
Stehn auch die Blumen auf.
Mit tausend Vogelkehlen
Stimm ein, wer stimmen mag:
„Du Herrgott, wir befehlen
Dir diesen neuen Tag."

Wer wollte ihn ergründen

Wer wollte ihn ergründen
Und seinen Rat verstehn –
Wir müssen wie die Blinden
An seinen Händen gehn –
Durchs Staubgewühl der Gassen,
Durchs Blühen und Verblühn:
Du kannst ihn nicht erfassen,
Nur glauben mußt du ihn!

Ihm mußt du alles geben,
Und nichts soll deines sein,
Dann strömt dein dunkles Leben
In seine Sonnen ein –
Wenn du dich ihm willst lassen,
Wird er dich nach sich ziehn:
Du kannst ihn nicht erfassen,
Nur glauben mußt du ihn.

Zu ihm!

Ich bin zu ihm geschritten
Durch Tage und durch Nacht –
Und bin zurückgeglitten
Und hab so viel gelitten –
So viel, was bitter weinen macht.

Und doch trotz aller Trümmer
Und aller welken Ruh
Zieht mich sein Sonnenschimmer,
Und dennoch muß ich immer
Und immer auf ihn zu!

———

Nur gib dich gläubig in den Tag!

Nur gib dich gläubig in den Tag,
Wie bang auch dein Gemüte –
Bald steht dein Herz als Rosenhag
In sonnenfroher Blüte,
Was schwer gedacht, wird leicht vollbracht,
Die Sonne wird dich führen –
Du goldenes Herz, bis in die Nacht
Wirst du das Leuchten spüren!

———

Was dir auch geschehe

Was dir auch geschehe,
Was auch fällt und flieht,
Daß dein dunkles Wehe
Keinen Stern mehr sieht –
Was dir auch entrissen,
Was sich auch vermißt:
Mußt es immer wissen,
Daß Er bei dir ist!

———

Geduld

Geduld, du banges Leben –
Was auch die Weber weben,
Es wird zum Kleid.
Geduld, die Fäden schwirren,
Und scheint dir, daß sie irren,
Sie finden sich, sobald es Zeit.

Geduld ist hoch zu raten,
Geduld zu deinen Saaten,
Gar arm und klein.
Geduld, wenn Sonnen scheinen,
Geduld, wenn Wolken weinen,
Am Ende muß doch Ernte sein.

Geduld, wenn Stürme streifen,
Geduld, wenn Reben reifen –
Geduld ist Schmerz.
Doch wie sie dich mag drücken
Und tief zu Boden bücken,
Geduld ist doch der Menschheit Herz.

———

Gebet um Reinheit

Meiner Tage trübes Wesen
Mach wie einen Bergquell klar;
Zu des Lichtes Dienst erlesen,
Meine Seele mache wahr.
Mache meine Schwachheit stark,
Mache meinen Sinn wie Erz.
Der du allen Dunkelheiten
Bist das mächtige Sonnenmark,
Schaff in mir ein neues Herz.

Meine Worte sollst du leiten,
Tilge, wo noch Halbheit schleicht;
Hilf mir mit der Lüge streiten,
Bis die Schlange von mir weicht.
Jeder neue Tag sei neu,
Jede Nacht sei weit und gut,
Bis in meinem trüben Wesen,
Wie der Mond im Meere treu,
Lächelnd groß dein Antlitz ruht.

———

In ihm

In ihm, der mit den Sonnen
Die Flammenbahnen fliegt,
Sei aller Tag begonnen,
Der keimend vor dir liegt.
Wie sich das Lerchensingen
Lichtselig höher singt,
Muß alles sich vollbringen,
Darin sein Pulsschlag klingt.

Dein ungewisses Leben
Das vor dem Dunkel stockt,
Muß sich in ihm erheben,
Bis es in ihm frohlockt,
In seine Fernen reifen
Mit aller Aethermacht,
Dann kann dich nicht mehr streifen
Der finstere Fürst der Macht.

Nur laß vom tauben Träumen, -
Die Träume sind wie Staub, -
Schau auf, an allen Bäumen
Umgoldet sich das Laub!
Der Tag steigt an. Die Höhen
Umwandelt still sein Schritt –
Nun brauchst du nur zu gehen,
Er nimmt dich gerne mit.

———

Gewiß

Weiß ich den Weg nicht, du weißt ihn gewiß
Durch Dornen und durch dichte Finsternis.
Wenn du ihn gehst, so ist er für mich gut,
Ich folge dir mit stillbereitem Mut.

Trotz allem, was mir starr entgegendroht,
Trotz Wüsten und Geröll, trotz Not und Tod,
Trotz allem, was mich traf und niederschlug:
Du weißt den Weg, so ist es mir genug.

———

Deine Zuflucht für und für

Ach, ich weiß ja nun die Tür,
Wo ich immer dran darf pochen
Bin einmal hindurchgebrochen;
Da ging mir ein Wort herfür,
Das mein großer Gott gesprochen:
„D e i n e Z u f l u c h t f ü r u n d f ü r" —
Und ich weiß ja nun die Tür!

———

Wie eine Blume

Wie eine Blume laß mich vor dir sein
Und nimm sie gut und gnädig zu dir ein
Und zürne nicht, daß sie so arm und matt,
So wenig Duft und süßes Wunder hat.

Sie wuchs in Disteln, Herr, so mühevoll
Und weiß nicht, wie sie dir gefallen soll.
Nimm sie voll Güte, dürftig wie sie ist,
Weil du der Gärtner aller Blumen bist!

———

Alles bist du!

An allen Toren und an allen Stegen
Kommst du, Allewiger, mir entgegen!
An allen Pfaden und an allen Pforten
Stürmt und strömt es von deinen Worten –
Alles Wäldergewog´ trägt deinen Samen,
Alle Felder und Fluren singen deinem Namen,
Aller Meere Gewässer sind dein Blut,
Alle Sterne schwimmen in deiner Flut –
In mir alles Herz, aller Puls ohne Ruh:
Alles bist du!

———

Herr, du meine Stärke

Herr, du meine Stärke
Herr, du mein Licht!
Alle meine Werke
Sind mein nicht!
Dein ist, was ich machte,
Was ich gedacht –
Größer, als ich's dachte,
Hast du's gemacht!

––––––––

Was auch dunkel

Was auch dunkel an Druck und Verdruß,
Alles zu Ende gehen muß –
Alles ist, ob kurz oder lang,
Immer nur ein Übergang.
Sturm von gestern und Wetterwut:
Alles wird anders und wieder gut –
Was dir auch geschehen mag –
Morgen kommt ein anderer Tag!

———

Nur vorwärts!

Nur vorwärts! Ohne Wank und Zagen,
Das Leben will erzwungen sein!
Du mußt dich selber für dich wagen,
Kein andrer stellt sich für dich ein! –

Dem Höchsten muß du dich verbünden
Und allem Kleinsten Bruder sein –
Im Staub den Fuß, den Schritt in Gründen
Und mit der Stirne wolkenein.

Und mit des Morgens Strahlenfeuern
Beflamme deiner Segel Saum –
Und vorwärts dann! Heb an zu steuern,
Wirf von dir allen Tand und Traum.

Und fühle Gott im Rausch der Fernen
Als wundersamstes Flügelwort –
Geh hochgemut, treu deinen Sternen
Und wirf die Furcht wie Asche fort!

———

Trost

Es kann kein Sternlein blinden,
Es sei denn, daß Er's will-
Du mußt in Gott dich binden
In Gott dich halten still –
So kannst du fröhlich blicken
Auch in die bangste Nacht:
Er wird es also schicken,
Wie Er es vorbedacht.

Was wollen deine Sorgen,
Wie Wolken hingespannt –
Er hat dein Heut und Morgen
In seiner Vaterhand.
Kein Netz kann dich verstricken,
Das so dich fürchten macht:
Er wird es also schicken,
Wie Er es vorbedacht.

Gib dich mit Kinderwillen
In seinen Willen ein –
Er wird die Stürme stillen
Und wird am Steuer sein.
Was sollte da nicht glücken,
Wo Er als Helfer wacht:
Er wird es also schicken,
Wie Er es vorbedacht.

———

O Herz, was will dein Zittern

O Herz, was will dein Zittern
In allen Ungewittern! –
Der dir die Stürme sandte,
Auch deine Schwachheit kannte.

Wie auch die Wetter wüten,
Er wird dich doch behüten,
Er läßt nach allem Grauen
Die Himmel wieder blauen.

Er kann dein wankend Leben
Hoch über dich erheben, -
Auf Bergen wirst du gehen
Und tief die Wolken sehen.

———

Gottes Gast

Getu dich still und gern bereit
Als Gottes guter Gast,
Erfüll` dein kleines Reiselein Zeit,
Dess` du zu walten hast,
Und klag` ihm nicht dein Wanderleid
Und deines Weges Last:
Gib dich mit heller Fröhlichkeit
Als Gottes guter Gast!

———

Wenn dir wetternd Unheil kam

Wenn dir wetternd Unheil kam,
Weine dich aus, daß dein Herz nicht springt.
Dann aber losgemacht vom Gram,
Eh`er dein Wesen ganz durchdringt.
Spring auf! Du lebst! So lebe doch!
Wie vieles blieb noch ungetan! –
Gewitterregen tröpfelt noch,
Doch frei von Staub ist deine Bahn!

———

Der Weg zum Glücke

Frage nicht den Weg zum Glücke,
Schaffe ruhig deinen Tag,
Zimm`re Steg und baue Brücke
Mit beherztem Hammerschlag.
Sei ein Forschender und Finder,
Nimmer zaudernd, nimmer zag,
Daß der helle Schritt der Kinder
Deine Brücken loben mag.

———

Sonntagslied

Seele, meine müde Seele,
Angstbeladen, werde still!
Spähe wie die Taube Noah,
Ob das Wasser weichen will.

Ob der Ölbaum wieder grün wird,
Ob der Friedensbogen strahlt,
Ob sich wieder Gottes Himmel
Tröstlich in den Wassern malt!

Ach, solange Sterne schimmern
Und ein Veilchen schüchtern zagt,
Kannst du dir das Leben zimmern,
Das getrost ein Morgen wagt.

Ob du tausend Sonnenstrahlen
Oder einen einzigen hast –
Ei, so ist der volle Himmel
Immer doch bei dir zu Gast!

Doch du mußt die Menschen lassen,
Sieh sie nicht! Geh deinen Weg!
Geh, wenn's möglich, nicht durch Gassen,
Geh durchs Waldgeheg den Steg.

Fühle dich ein Mensch der Erde,
Sei dir Hort in Sturm und Streit,
Und du schaffst dir treu und selig
Deinen Winkel Ewigkeit!

———

Neujahrsgebet

Der du stark die Sterne lenkst,
Daß sie ihre Bahnen fliegen,
Der du nichts als Liebe denkst:
Laß uns nicht am Boden liegen,
Der du Kraft zum Kämpfen schenkst,
Laß uns Gram und Leid besiegen,

Stärke unsern müden Mut,
Nun des Jahres Schatten sinken,
Mache alle Fehle gut,
Laß uns Licht und Reinheit trinken,
Daß aus neuer Morgenglut
Neue Hoffnungsträume winken.

Tröste, die in Krankheit flehn,
Neig dich Sterbenden entgegen –
Lasse uns nicht hilflos stehn
An umdunkelt fremden Stegen;
Hüter, wolle mit uns gehn
Gnadenreich auf allen Wegen.

Mach uns fest in Sturm und Graus,
Laß in schwerer Nöte Ringen,
Durch zerwühlter Welten Braus,
Uns wie selige Kindlein singen –
Wollest endlich uns nach Haus
In die ewige Heimat bringen.

———

Das Letzte

Die letzte Frage läßt sich nicht erfragen,
Die letzte Sehnsucht läßt sich doch nicht sagen.
Das letzte Beten läßt sich nimmer beten,
Muß wie ein Kind mit bloßen Füßen treten,
Entlang sich tasten an den bangen Gassen
Und mit den Händen Gottes Mantel fassen.

———

Da nun dein Tag gegangen

Da nun dein Tag gegangen,
Du müde Seele du,
Was bist du so in Bangen
Und sorgst dich immerzu?
Er hält dich doch umbreitet
Mit seiner stillen Macht,
Der dich des Tags geleitet,
Der schläft auch nicht bei Nacht.

———

Abendgebet

Wollest meine Seele stillen,
König, der in Sonnen geht.
Wollest meine Sehnsucht füllen,
Die am Wege weinend steht.

Wollest all die irren, kranken
Wünsche von der Seele tun.
All die flehenden Gedanken
Laß wie müde Kindlein ruhn.

Wollest mir im Traume sagen,
Daß du der Gerechte bist,
Daß der Zweifel wühlend Fragen
Morgen Triumphieren ist.

Wollest löschen all mein Grämen,
All die Angst, die mich umspinnt.
Wollest wieder zu dir nehmen,
Vater, ein verlorenes Kind.

———

Auf Gott zu!

Du gehst und gehst – auf messerschmalem Rücken,
Auf hellem Grat des klingenden Gesteins –
Du kannst dich links zum Leben niederbücken
Und bist zu rechts mit allen Toden eins –
Und wenn du schaust, siehst du die beiden Fluten
Bis an die Städte Gottes brausend stehn,
Und drüberhin mit niegeahnten Gluten
Die Sonnen tanzend durch die Wasser gehn.
Und wo die Wasser sich zur Meerflut weiten,
Wo alle Ferne ineinandergraut,
Zur Toreinfahrt der großen Ewigkeiten,
Da wartet Gott, der nach dir ausgeschaut.

––––––

Der Tod und das Kind

Lieb Kindlein, komm, ich trage dich,
Lehn recht dein Köpfchen her an mich;
Ich sing dir eine Weise
Von Vögelein und Blümelein,
Die wollen Fahrtgenossen sein
Auf deiner ersten Reise.

Sieh nur! Doch deine Augen sind
So voll von Schlaf, mein trautes Kind,
Ich will dir alles sagen:
Wir wandern durch ein großes Feld,
Das hat der liebe Gott bestellt,
Das Feld muß Sterne tragen.

Und horch, was schläfst du nur so schwer,
Ein lieblich Singen läutet her,
Wir nahen deinen Schwestern,
Die waren auch so krank wie du,
Ich sang sie alle fein in Ruh´ -
Vor tausend Jahren und gestern.

Mußt du ein Liebstes geben

Mußt du ein Liebstes geben,
So tu`s mit stillem Sinn,
Es wird in deinem Leben
Lebendiger Gewinn.
Als hohe Firne bleibt es,
Was fort von dir gemußt,
Und ewige Worte schreibt es
In deine flüchtige Brust.

Ward grausam fortgerissen,
Was dir am Herzen lag,
Und stirbt in Finsternissen
Dein hellster Sonnentag:
Durch alle Tränenpfade
Mit überhöhter Kraft
Führt dich in stiller Gnade,
Was von dir fortgerafft.

Hoch über Tod und Scheiden
Bist du hinausgerückt
Und all das bittre Meiden
Wird herrlich überbrückt,
Der blinde Tand der Zeiten
Versinkt wie Schall und Schaum,
Du schmeckst die Ewigkeiten
Im tiefsten Schmerzenstraum.

———

Nicht mehr erwachen!

Nicht mehr erwachen! ...Von des Traumes Toren
Ins dunkle Land mit stillen Schritten gehn,
Ohn´ daß sich martervoll aus Puls und Poren
Das Leben ringt wie ächzend Sturmgestöhn!

Dann wäre Frieden in den bleichen Zügen,
Ein selig Lächeln und ein Siegerglück! –
Als ob noch Engel wehend drüber fliegen,
Blieb´s traumhaft seltsam auf der Stirn zurück.

Unfaßbar Glück! ...Ich will mich niederlegen
Ganz still, vielleicht – o fassungslose Lust –
Küßt mich heut nacht der dunkle Todessegen
Und löscht ganz leis die Kerzen meiner Brust!

———

Herberg

Ich weiß eine Herberg weit, so weit,
Weiter als alle Ferne,
Im Lande Ewig – Ewigkeit,
Hinter dem letzten Sterne.

Ich weiß eine Herberg, banges Herz,
Vom Wandern matt und müde,
Dort wird aus allerletztem Schmerz
Der allererste Friede.

———

Zu Gott

All mein Gehen
Ist Weg zu dir,
All dein Geschehen
Geschieht mit mir.
All mein Beginnen
Begannest du –
All mein Tiefinnen
Treibt auf dich zu!

———

Gebet um selige Heimgeleitung

Weil du alle Wesen lenkst,
Wende dich zu meinen Schritten,
Daß du ihnen Heimfahrt schenkst,
Höre du mein Heimweh bitten:
Fern vom großen Vaterhause
Irr´ ich in den fremden Gassen,
Kann im dunkeln Weltgebrause
Keine Bruderhand erfassen.

Meine Seele bleibt ein Kind,
Meine Füße, Kinderfüße,
Ach, wie drängen sie geschwind
Nach der Heimat, traut und süße.
Angetan mit groben Schuhen,
Kommen sie von langen Wegen,
Ach, sie wollen, auszuruhen,
Gern zum letzten Schlaf sich legen.

Der du allen, die verirrt,
Selige Heimfahrt noch bereitet,
Komm, du guter, treuer Hirt,
Der sein Schäflein heimgeleitet,
Weil von meinen Erdentagen
Nur im Sand die Stapfen zeugen,
Laß, dir all mein Leid zu sagen,
Mich zu deinen Knien beugen.

Neig dich, denn dein Angesicht
Blüht in inniglich Erbarmen,
Trage du, es drückt dich nicht,
Heim dein Kindlein auf den Armen.
Schlummer wird mich übermannen
Von dem Rauch der Erdenwerke,
Und wir sind – rasch geht´s von dannen! –
In der Heimat, eh´ ich´s merke.

———

Das Ende wird so wie der Anfang sein

Das Ende wird so wie der Anfang sein:
Wir werden gehn, wie wir gekommen.
Wie man im Traum durch fremde Wege schreitet,
Auf nackter Heide, endlos hingeweitet.
Ein Fünkchen flackert, geisternd
                          hergeschwommen,
Gelb, tanzend, quirlend, leis und heiß erglommen –
Wie du auch zweifelst, du vertraust dem Schein.

Du gehst mit ihm, dir ist nicht mehr so schwer.
Dir ist, als ob dich große Flügel decken,
Als ob du stiegst und fühltest nicht das Steigen,
Als ob du schwiegst und redetest im Schweigen,
Als ob dich, nachtbeklemmt, Gesichte schrecken,
Als ob dich früh am Morgen Lerchen wecken –
Doch, was du siehst, ist nicht die Erde mehr.

———

Als wie im Herbst

Als wie im Herbst ein bleiches Blatt,
So fällt ein Leben müd und matt,
Wer will sein Fallen merken –
Es muß im Eilen stille stehn,
Vom Atmen und von Arbeit gehn,
Muß fort von allen Werken.

Sei still, du Herz – das Blatt, das fällt,
Fällt doch mitnichten aus der Welt,
Ist nur am andern Orte –
Und wenn du fällst, verfällst du nicht,
Gehst andern Weg in anderes Licht
Durch eine andere Pforte.

———

Gewißheit

Und ob die Nacht wie Meere sei,
So muß sie doch zum Lichte,
Ein großer, himmlischer Sonnenschrei
Machte noch immer die Nacht zunichte!

Nacht ist doch nimmer Ewigkeit –
Gott müßte sich ja aufgeben –
O du meine Seele, Licht ist sein Kleid,
Seine Hände zittern vor Leben!

Und sein schütternder, schlagender
                      Hammer Tod
Schlägt nur die Form in Scherben –
O du meine Seele, was will deine Not:
Du kannst nicht sterben!

———

Zuletzt

Zuletzt sind alle Stunden
Verwunden,
Stunden, die dich so bange gemacht.
Zuletzt wird alles Grauen
Zertauen,
Wie still ins Frührot schmilzt die Nacht.

Zuletzt sind alle Schmerzen
Im Herzen
Wie Wein, des Duft dich leise stärkt.
Zuletzt ist all dein Wesen
Genesen
Und lächelt, eh du's noch bemerkt.

———

Inhaltsverzeichnis